AF342992

NOTICE

SUR

M. DE LA TOURNELLE

ANCIEN PREMIER PRÉSIDENT

ANCIEN DÉPUTÉ

PAR

M. POMMIER LA COMBE

Ancien Avocat Général

LYON

IMPRIMERIE LOUIS PERRIN

Rue d'Amboise, 6

—

1866

NOTICE

M. DE LA TOURNELLE

ANCIEN PREMIER PRÉSIDENT

ANCIEN DÉPUTÉ

PAR

M. POMMIER LA COMBE

Ancien Avocat Général

Homme de bon lieu, élevé
aux grandes affaires.

MONTAIGNE

LYON

IMPRIMERIE LOUIS PERRIN

Rue d'Amboise, 6

—

1866

NOTICE

SUR

M. DE LA TOURNELLE

ANCIEN PREMIER PRÉSIDENT

Ancien Député

Quand un homme d'un caractère et d'une intelligence élevés a servi son pays, dans les grandes charges publiques, à travers des temps agités, il y a, à retracer sa vie dans ce milieu, à mettre ainsi le portrait dans son cadre et dans son jour, un double intérêt : l'intérêt que les contemporains qui lui survivent attachent à sa mémoire, et celui qui naît toujours d'un regard, même rapide, sur le passé, des exemples et des enseignements que peuvent y trouver les générations nouvelles.

M. Adrien Leroy de la Tournelle est né à Lyon en 1803. Sa famille, originaire de la Basse-Normandie, était fixée en Bresse depuis un siècle environ.

Louis-Julien-Constant Leroy de Lignières fut, le premier de cette famille, seigneur de la Tournelle et

Marmont, en Bresse. — Né en 1740, il était fils de Louis-Guillaume Leroy de Lignières, né en 1704, descendant d'une branche cadette de la maison et famille noble Leroy, dont la branche aînée habitait le bailliage de Coutances.

A l'époque des ravages des Anglais en Basse-Normandie, dans leur descente à la Hogue, au mois d'avril 1750, cette famille y avait encore des intérêts. Elle perdit dans cet événement ses titres et papiers de famille, brûlés ou détruits dans la maison forte du sieur de Senecey, où ils étaient déposés.

A la convocation des Etats généraux, en 1789, M. Constant Leroy de Lignières (aïeul d'Adrien) dut faire ses preuves pour siéger dans les assemblées de la noblesse de Bresse. En l'absence de ses titres perdus, il les fit par un certificat de notoriété, de la noblesse du bailliage de Valogne, Basse-Normandie, lieu de son origine, établissant que son père avait toujours vécu noblement; que la noblesse de cette famille était, comme la perte de ses titres, de notoriété publique : certificat confirmé par J.-F. *Réné Leroy*, écuyer, seigneur du Camp Grani, chef de la branche aînée. Une délibération des conseillers de la noblesse de Bresse, du 22 mars 1789, la veille de l'assemblée générale des trois ordres, admit à siéger dans l'ordre de la noblesse Louis-Julien-Constant Leroy de Lignières, ancien capitaine au régiment de la marine, chevalier de l'ordre royal et militaire de Saint-Louis, seigneur des fiefs de la Tournelle et Marmont.

Suivant l'usage du temps, il quitta alors le nom de terre de Lignières, que sa branche ne possédait plus, et prit celui de la Tournelle, que ses descendants ont conservé avec les anciens fiefs de la Tournelle et Marmont.

M. de la Tournelle aïeul habitait le château de Coligny (1). Son fils, Louis-Ferdinand Leroy de la Tournelle, ancien officier comme lui, habitait, après la Révolution, le château de Dortan, à quelques lieues de là, en Bugey. Le parc de Dortan renfermait dans ses vieux murs deux collines couvertes de futaies séculaires, et une rivière dont la source, sortant d'un rocher en forme d'urne grossière, s'épanche lentement sur ses bords. C'est là, dans un des plus beaux sites de nos montagnes, que s'écoula l'enfance d'Adrien.

Ses premières études se firent au collége de Nantua, et le chef de cet établissement rappelait dans une solennité récente, parmi les noms de ses lauréats du passé : « Adrien de la Tournelle, magistrat, député, « membre du Conseil général, associé par tous les « liens des services publics au progrès de ce temps « dans notre contrée ». Elles se continuèrent au col-

---

(1) Le château de Veille, situé aux Chattagnats, est aujourd'hui la propriété de la famille de Saint-Germain. — M. de la Tournelle aïeul fit bâtir, à côté du vieux château, l'habitation moderne des Chattagnats. Il avait épousé Mlle du Saix. La Famille du Saix, une des plus anciennes de Bresse, est aujourd'hui représentée par Mme la comtesse d'Udressier.

6

lége de Bourg, avec les mêmes succès, promettant
une belle carrière à cette jeune intelligence, vive, pé-
nétrante et soutenue par une ardeur de travail, que le
goût du monde allait, plus tard, ralentir pendant
quelques années.

Destiné à la magistrature, il fit son droit à Paris,
et, en 1829, fut nommé auditeur à la Chancellerie.
On donnait ce titre à un certain nombre de stagiaires,
attachés au Ministère de la Justice et qui avaient là,
près de l'administration supérieure, une position très-
désirée, car elle assurait l'avenir.

En entrant ainsi dans le monde, sous d'heureux
auspices, Adrien de la Tournelle y portait une grande
distinction dans sa personne et ses manières, et déjà,
malgré sa jeunesse, beaucoup de tact et d'observation.
Sa famille avait les traditions du passé, de cette vieille
France, élégante et polie, qu'on appelait une na-
tion de gentilshommes, tant il était ordinaire d'y
trouver alors, dans tous les rangs, cette urbanité, cet
échange attentif de déférences et d'égards, plus utiles
à l'harmonie des sociétés humaines que la civilisation
actuelle ne paraît le croire. Son père était un des
hommes remarquables de cette génération, que nous
avons bien pu connaître encore : esprit brillant et fin,
devant plus sans doute à ses qualités natives qu'à des
études suivies, mais grâce à elles effleurant tour à
tour, ou abordant sérieusement tous les sujets, dans

ces conversations attachantes ou variées, qui étaient alors dans les habitudes du monde. Il aimait la discussion, et la rendait attrayante par le piquant et l'imprévu des aperçus ou des réflexions, et aussi par cette politesse naturelle qu'on est réduit à appeler aujourd'hui la politesse *d'autrefois*. A ce contact, à ces entretiens de tous les jours, on voit ce que devait gagner son fils. — L'esprit s'agrandit et s'enrichit par l'étude, se forme par l'expérience, mais comme la pierre fine, sous la main du lapidaire, il doit au frottement son poli et son éclat.

1830 survint. Adrien de la Tournelle avait les sentiments de sa famille, qui gardait, des souvenirs de la Révolution, cette impression de crainte et d'horreur que le temps et les efforts habiles de l'esprit de parti n'avaient pas encore affaiblie en France; mais il avait aussi les tendances de son âge et de son époque et ces idées libérales qui séduisent souvent, surtout dans la jeunesse, des esprits élevés, des cœurs généreux. La Révolution, disait-on, pouvait être contenue ou dirigée. C'était l'espoir des hommes qui arrivaient au pouvoir, avec la ferme résolution de sauver ce qui pouvait être sauvé de la Monarchie, d'éviter ou de retarder le moment fatal où la France tomberait de nouveau sous cette forme de gouvernement qui l'avait jetée déjà dans tant d'agitations stériles et sanglantes. Ramené à cette pensée, il ne renonça pas à sa carrière et fut nommé peu après Substitut du procureur du Roi à Lyon.

A cette origine d'un gouvernement nouveau, parmi ces premiers magistrats qui allaient remplacer les parquets si bien composés de la Restauration, son nom et sa personne appelaient l'attention ; ses débuts la fixèrent aussi. Sa parole montrait, dès ses premières épreuves, ce qu'elle devait être plus tard, et le magistrat était surtout remarqué pour la sûreté des vues, la fermeté des principes et une grande puissance de raisonnement. Du parquet de première instance il passa bientôt au parquet de la Cour ; il était Substitut du procureur général à Lyon, en 1834, quand cette seconde ville du royaume tomba pour la deuxième fois, depuis 1830, au pouvoir de l'insurrection républicaine et socialiste.

Dans des circonstances aussi graves, la fermeté de son attitude et de ses avis fut remarquée, et il fut appelé, comme Substitut du procureur général, au parquet de la Cour des Pairs, à laquelle était déféré le jugement de cette affaire, une des plus grandes causes politiques jugées sous le gouvernement de Juillet. A cette époque, un événement heureux vint fixer sa destinée : il épousa mademoiselle Rohaut de Fleury, petite-fille de M. Desèze, défenseur de Louis XVI. Il associait ainsi, suivant les expressions du premier président de la Cour de Dijon, rendant hommage à sa mémoire (le 3 novembre 1860), il

associait « à l'honorabilité du nom qu'il portait, l'im-
« périssable illustration d'un autre nom devenu le
« type de la fidélité et du courage civil, et ce premier
« bonheur fut la première gloire de sa vie. »

Dans un débat à la Cour des Pairs, la part d'un Substitut était nécessairement secondaire et limitée à une catégorie d'accusés ; mais elle avait été considérable dans l'instruction et devant la Cour, et dans les rapports que lui donnait sa position, il avait laissé de lui une impression qui allait servir utilement sa carrière. Appelé avec son grade à la Cour de Paris, pendant la session de la Cour des Pairs, il fut quelques mois après nommé Procureur général à Nîmes, en 1836 ; il avait alors trente-trois ans.

Cet avancement si rapide, donné à un magistrat si jeune, allait être justifié. Un des hommes les plus éminents du gouvernement, M. Guizot, avait pris une grande part à sa nomination et l'avait bien jugé. Placé dans un ressort où les difficultés et les devoirs ordinaires de la justice se compliquaient de la division du pays, par les passions politiques et religieuses, des exigences ou des ombrages d'intérêts, susceptibles parce qu'ils sont délicats et défiants, parce qu'ils avaient souffert, il prit possession de son siége avec la modestie d'un homme éclairé, dévouant son jeune courage et ce que Dieu lui avait départi d'intelligence et de volonté au service de l'ordre, « qui n'est, disait-il,

« autre chose que la justice ; de l'ordre qui est la
« condition du monde moral, comme il est la loi du
« monde physique, et qui reparaît après les plus
« mauvais jours pour conserver et perpétuer la vie
« sociale ». Il promettait à la Cour, dans ses fonctions, le ferme sentiment du devoir, la dignité du
caractère, la mesure dans les choses, les ménage-
ments envers les personnes. — Il tint parole et, trois
ans après, en quittant Nîmes pour le parquet d'Orléans, il avait mérité, par sa conduite prudente,
par la direction modérée donnée à son ressort, l'estime
et les vives sympathies de la Cour, les regrets souvent
exprimés des deux partis.

A la Cour d'Orléans il n'éprouvait pas l'émotion
inséparable d'une grande position nouvelle. Il avait
déjà cette juste confiance qui naît de la considération
acquise, de l'influence éprouvée, des moyens honnê-
tes et des voies loyales appliquées à l'administration de
la justice. Là, comme à Nîmes et plus tard à Dijon, il
allait se montrer gardien sévère et fidèle de l'intérêt
judiciaire, contre ces influences, sans responsabilité,
qui s'exercent trop souvent dans les gouvernements
parlementaires et dans d'autres encore. Pour tout
emploi vacant mettant son honneur à proposer les
plus dignes, entre les plus dignes ceux que recom-
mandait l'ancienneté des titres, il demandait ainsi à
la plus scrupuleuse équité les motifs et la justification
de ses préférences. — Une seule fois, hors de son

ressort, il donna un appui décisif à un candidat inférieur aux fonctions obtenues, et aux reproches d'un ami il répondait : « Je ne lui connaissais pas « de concurrent préférable ; j'avais à me plaindre « de sa famille, j'étais bien aise de me venger. »

Les hommes qui se vengent ainsi sont rares.

Parmi ces discours, le discours de rentrée, prononcé à Orléans en 1842, doit surtout échapper à l'oubli. Dans cette solennité, les portraits en pied de L'Hôpital et de Pothier décoraient, pour la première fois, la salle des audiences solennelles. — Le Procureur général était appelé ainsi à retracer la vie si pure et si pleine de ces deux hommes, diversement éminents, dont l'un domine l'histoire de son époque orageuse, dont l'autre domine, dans le calme de son temps, la science qui fait régner le droit dans les sociétés humaines. Le premier, jurisconsulte, législateur, homme d'Etat, mêlé à tous les événements, aux prises avec toutes les erreurs, toutes les passions, tous les crimes, les redresse, les contient ou les punit. Le second a sa vie vouée à la retraite : il étudie, enseigne et juge, dans cette région tranquille, dont rien ne trouble la constante sérénité. Il fuit le monde, et, dans son indifférence pour la renommée, obtient pourtant « cette pure célébrité des travaux utiles, « qui va grandissant à travers les âges, par l'estime « réfléchie des générations. »

Dans une telle étude, c'était un bonheur que le contraste de ces deux existences, de ces deux gloires. L'orateur sut les peindre et les apprécier avec un soin égal. Mais tandis qu'il montrait cette vie toujours abritée de Pothier, en rendant hommage à ses grands travaux, à cette gloire moins éclatante, mais, non moins chère, il retraçait, avec une prédilection marquée, les grands traits de la vie de L'Hôpital, cette lutte d'un homme seul contre toutes les forces de son temps, cet ascendant de la raison et du caractère à une époque grossière et violente. Il ne se lassait pas d'admirer cet esprit modérateur, cette énergie de volonté, cette persévérance de courage, qui ont permis au chancelier de L'Hôpital, après quinze ans de luttes, sous trois règnes, de léguer à la France, au respect de la postérité, des monuments de législation qu'aucune civilisation ne répudiera. Pour lui, qui venait de quitter un pays où les luttes, religieuses et politiques, duraient encore, L'Hôpital était « le modèle de l'hom-« me politique, dans les temps de factions et de « désordres publics. »

C'est en effet une des plus grandes et des plus nobles figures de l'histoire. Quand, à Orléans, les ministres signaient l'arrêt des commissaires, condamnant à mort le prince de Condé, L'Hôpital seul refusait en disant : « Je sais mourir, mais non me « déshonorer. »

Dans ce temps-là, du moins, ces belles paroles évitaient un crime et sauvaient un Condé !

En 1843, M. de la Tournelle passa, du parquet de la Cour d'Orléans, à la première présidence de Dijon.

Dans les fonctions judiciaires, le parquet et la magistrature assise sont deux branches distinctes. Un magistrat peut être chef de parquet très-distingué et n'avoir pas, à l'audience civile, une valeur égale. Absorbé jusque-là par le service de parquet, l'administration et la direction d'un ressort, le nouveau premier président avait à peine abordé les audiences civiles, mais il avait, au plus haut degré, la rectitude et la sagacité de l'esprit, et cette attention patiente, premier devoir du juge, premier moyen d'une bonne justice.

Les bonnes décisions judiciaires naissent du calme, de la justesse et de la pénétration attentive de l'esprit. Grâce à son heureuse organisation, le chef de la Cour de Dijon fut dès le début à la hauteur de sa position. Il laissa dans cette compagnie, quand les événements de 1848 vinrent l'en séparer, une impression toute vive encore après les douze années agitées qui suivirent sa retraite. En 1860, à la nouvelle de sa mort, le premier président qui lui succéda, rappelant sa vie judiciaire et son passage à Dijon, rendait un hommage digne et mérité « à la douce confraternité « de ce magistrat éminent, à son autorité si bien- « veillante, à son respect, comme député, des con- « victions qu'il ne partageait pas. Le souvenir de

14

« M. de la Tournelle, a-t-il dit, sera toujours cher
« et honoré à la Cour Impériale de Dijon. »

1848 vint fixer le terme de la vie judiciaire de
M. de la Tournelle et du mandat de député que lui
avait donné l'arrondissement de Bourg, en 1840.
Déjà en 1837, porté dans ce collége par une impo-
sante minorité, sa candidature, opposée à celle du
député ministériel sortant, était un témoignage écla-
tant de la force dans notre pays de l'opinion conser-
vatrice, pouvant sans danger se diviser ainsi entre
deux candidats qui lui appartenaient également. En
1839, après la dissolution de la Chambre, amenée
par la coalition, la lice se rouvrait dans des conditions
différentes ; la coalition avait opposé un candidat à
celui du Gouvernement. Plaçant alors, sans hésiter,
ses principes avant son désir, M. de la Tournelle
renonça à sa candidature, et donna ainsi au candidat
conservateur une très-grande majorité. Cet acte de
sa vie politique, accueilli avec une extrême faveur par
l'opinion, assurait son élection prochaine, et, le 12
janvier 1840, il arrivait à la députation par la retraite
de son prédécesseur.

Dans sa profession de foi, en 1837, il avait dit :
« Je laisse à ceux qui me connaissent le soin de dire
« si j'estime les hautes fonctions qui me sont confiées,
« autrement que comme un moyen de servir mon
« pays. Ils diront aussi s'ils me croient prêt à les ré-
« signer le jour où je ne pourrais les conserver qu'en

« faisant un sacrifice de conscience ou de dignité. »
En 1848, il allait justifier noblement ces paroles, en
se démettant de ses fonctions de premier président à
la Cour de Dijon. Mêlé activement à la politique de
conservation du gouvernement qui tombait, il ne
trouvait pas digne de lui d'hésiter. Un autre motif,
non moins honorable, le décidait encore. Dans l'ef-
fervescence des passions du moment, le mouvement
de 1848 menaçait l'inamovibilité de la magistrature ;
on voulait, même à ce prix, frapper les députés con-
servateurs, engagés dans la politique du dernier gouvernement, et parmi eux le premier président de
Dijon et le président du Tribunal de Lyon, M. De-
vienne, aujourd'hui premier président de la Cour de
Paris. Tous deux s'entendirent alors et remirent ensemble leurs démissions au ministre de la justice,
sauvant ainsi, pour un temps au moins, l'inamovibilité de la magistrature. Le premier président de
Dijon assurait, en outre, à sa Cour un chef digne
d'elle, qui la préside encore aujourd'hui.

Préparé de bonne heure à la vie des assemblées
politiques, Adrien de la Tournelle semblait être là
dans son élément. Il savait les hommes et les choses
de son temps, et la grâce de ses rapports, les égards
qu'il aimait à témoigner à ceux mêmes dont il était
séparé par les opinions, faisaient de lui dans la Chambre un des membres d'élite du parti conservateur.
Les chefs du dernier ministère de Louis-Philippe,

MM. Guizot et Duchâtel, tenaient compte de son opinion, de son assentiment; son caractère obtenait une haute estime, et la sagesse de son esprit gagnait la confiance. Il était ainsi à même d'être écouté, de servir utilement les intérêts de son pays, et cette position de considération et de juste influence satisfaisait pleinement la seule ambition de sa vie. Un incident, peu connu de sa carrière judiciaire, vint le prouver. Un mouvement allait rendre vacant le poste de procureur général à Paris; M. Guizot, M. Duchâtel songèrent à lui, leur appui aurait assuré sa nomination; il ne céda pas à la perspective brillante qu'offrait alors cette grande situation judiciaire, donnant ainsi un exemple rare de la mesure dans le succès d'une carrière.

La discussion dans les bureaux de la Chambre, les travaux des commissions, réunions peu nombreuses, dans lesquelles on peut connaître et rapprocher les hommes, avaient pour lui un véritable attrait. Une seule fois il prononça un discours sur la loi des fortifications de Paris. A cela près, il ne chercha pas les succès de la parole, et les rapports à présenter à la chambre l'appelaient seul à la tribune. L'un d'eux eut, pour notre pays, des résultats qui ne doivent pas être oubliés.

En 1844, il était rapporteur de la commission du chemin de fer de Paris à Lyon. — Cette ligne, à la fois commerciale, politique et militaire, allait être la plus importante de France; tous les intérêts divers devaient être étudiés. La commission voulut développer l'activité générale, tout en déplaçant le moins possible les habitudes établies et les intérêts existants. Elle préféra le tracé par la vallée de l'Yonne et Dijon, ligne plus courte, moins coûteuse et plus sûre, étant protégée par la Seine, l'Aube et plus bas la Saône, dont elle suit la rive droite. Ce projet était combattu par les députés de l'Aube, qui voulaient le tracé dans ce département, et par M. de Lamartine, qui voulait éviter Dijon par une ligne plus directe encore. En le défendant, le rapporteur, soutenu par les intérêts de Besançon et de la Haute-Saône, fit maintenir la disposition de la loi de 1842 qui fixait à Dijon le point d'intersection entre les deux lignes de Paris à la Méditerranée et de la Méditerranée au Rhin. Une difficulté plus grande, surtout pour un député de l'Ain, se présentait ensuite entre Châlon et Lyon. Le tracé par la rive droite de la Saône, demandé par la députation du Rhône, semblait déshériter le département de l'Ain. Aux dépenses si considérables qu'il devait entraîner, aux obstacles qu'il présentait à vaincre, on opposait l'économie et les facilités d'un tracé direct, sans travaux d'art importants, par les plateaux à peine ondulés de la Bresse et de la Dombes, de Châlon à Bourg, et Montluel.

La question appelait encore d'autres considérations.

On disait pour la Bresse : La population, l'industrie,

la richesse ont suivi les vallées aux rivières navigables, communications primitives améliorées les premières. Aujourd'hui, un système nouveau et plus complet s'applique mieux aux plateaux qu'aux vallées, le donner encore aux vallées, déjà si riches, ne peut se justifier, surtout pour celle de la Saône dont la navigation est à peu près aussi facile dans les deux sens. L'Etat ne doit pas spéculer et se décider par le rendement supérieur d'une ligne, dans les données actuelles du pays qu'elle traverse, il doit distribuer impartialement, et en prévision de l'avenir, les éléments de vie et de prospérité dont il dispose, et quand il a à jeter sur une grande ligne un si puissant excitateur d'activité agricole et industrielle, il doit s'en servir pour vivifier les zones jusques-là moins favorisées, et non le prodiguer encore aux vallées déjà pourvues de bonnes routes et de lignes navigables.

A ces considérations, aux instances pressantes de ses amis, M. de la Tournelle eut le courage de ne pas céder. Il voyait à la fois les dangers d'une lutte contre les intérêts du Rhône, dans laquelle on devait succomber, et la nécessité de l'intervention des compagnies financières pour ces grands travaux. Ce n'était pas à l'Etat mais aux capitalistes qu'il fallait demander de construire cette grande voie nouvelle, et ce point de départ entraînait le tracé par la vallée de la Saône, allant desservir les populations et les produits, seuls éléments réels et présents de la circulation active. Dans ces données, il aima mieux accorder le tracé de la Saône en s'assurant, par cette concession, le concours de la députation si influente du Rhône, dans la lutte qu'il prévoyait entre l'Ain et l'Isère, pour le chemin de fer de Lyon à Genève. Grâce à sa prévoyance, cette combinaison, en nous donnant plus tard, dans l'Ain, le tracé de Lyon à Genève, l'embranchement de Mâcon et la ligne du Jura raccordée à Bourg, a fait de notre département un des mieux desservis de France, par les grandes lignes de fer dans toutes les directions.

Dans la retraite à laquelle il se vouait en 1848, pour rester fidèle à son passé, M. de la Tournelle conserva les fonctions de membre du Conseil général, qui semblent avoir quelque chose de la famille, et le canton de Coligny lui maintint son mandat, deux fois renouvelé avec l'attachement le plus honorable pour tous et une ferme intelligence des besoins du pays.

Il était entré au Conseil général en 1839, nommé déjà par le canton de Coligny, réuni alors à celui de Treffort. Sa position dans le pays, son rang dans la magistrature, le désignaient aux suffrages. Pour acquérir l'expérience des affaires et la connaissance des hommes, il n'est pas de meilleure école que ces hautes fonctions du ministère public, dans lesquelles le talent s'élève, le caractère se mûrit par le contact avec des éléments importants et divers. Dans ces délibé-

rations du Conseil général il allait marquer sa place ;
sa parole semblait faite pour ces sortes d'assemblées,
pour les questions importantes et variées qu'on y
agitait librement alors ; elle était là dans toute sa
valeur, se produisant avec tant de mesure et de tact,
qu'elle faisait accepter ce qu'elle portait en elle d'in-
sistance et d'autorité. Dans ce corps, dont la composition et l'indépendance étaient alors remarquables,
il obtint bientôt une considération, une confiance
qui l'ont entouré jusqu'à la fin.

Les hommes de notre temps, attentifs au mouvement des affaires publiques, se rappellent encore ses
rapports, ses opinions, sur plusieurs questions qui
touchaient aux grands intérêts du département ou
du pays.

En 1841, les opérations du recensement rencon-
traient des résistances inattendues, dans les préten-
tions et les susceptibilités locales exploitées par l'esprit
de parti. C'était pour le gouvernement un embarras
réel, car la confusion était facile. Sous le nom de
recensement, deux opérations distinctes s'accomplis-
saient : l'une confiée à l'administration, l'autre aux
finances. Celle-ci était, en outre, relative à trois
contributions directes, dont deux étaient des impôts
de répartition, et la troisième un impôt de quotité.
De ces différences dans les attributions et les résultats
(dont l'opinion égarée ne se rendait pas compte,
parce qu'en France on discute les lois, on leur résiste

sans les connaître), de ces différences, disons-nous,
naissaient des irritations de bonne foi, et sur plusieurs
points des troubles sérieux. Le département de l'Ain
en fut préservé. Le rapport sur le recensement, fait
par M. de la Tournelle au Conseil général (qui en
ordonna l'impression), démontra à tous, avec une
mesure et une lucidité parfaites, la nécessité du
recensement pour arriver à la répartition équitable de
l'impôt, l'inconséquence et l'injustice qu'il y aurait à
laisser la richesse immobilière soumise à l'inventaire
exact qu'en fait le cadastre, pour établir l'impôt foncier,
sans soumettre aussi la richesse mobilière, dans les
limites du possible, à un inventaire semblable, au
moyen de recensements périodiques, pour répartir
proportionnellement les charges de l'Etat entre les
divers éléments de la richesse publique.

Ce fut aussi sur son rapport, en 1846, que, dans
le classement des lignes vicinales en route départe-
mentales, une pensée juste et féconde fut accueillie
par le Conseil. Jusques-là ces routes classées étaient
toutes dans la direction du sud au nord. En 1846,
on classa quatre grandes lignes, ouvrant au département, de l'est à l'ouest, des communications qui abou-
tissent à la Saône, au Rhône, à la rivière d'Ain,
facilitant à la montagne et à la plaine leurs échanges,
et à tout le département l'écoulement de ses produits
au dehors. Trois de ces lignes se raccordent aux
chemins de fer de Paris à Lyon, et de Lyon à Genève,

en traversant les pays riches, privés jusques-là de grandes voies de communication (1).

En 1849, après les événements de 1848, toutes les institutions de la France étaient bouleversées, modifiées ou remises en question. Le gouvernement consultait les conseils généraux sur l'organisation des départements, des cantons et des communes, sur les attributions de leurs différents conseils. Maintenu dans son mandat par le vote persistant des électeurs de son canton, et nommé rapporteur, M. de la Tournelle, dans ces données difficiles, d'une révolution récente et d'une constitution nouvelle, dut examiner l'ensemble des lois qui formaient, en France, la législation des administrations locales, de tous les intérêts qui s'y rattachent, y compris les rapports de ces administrations et de ces intérêts avec les intérêts variables ou permanents de l'Etat. Le ministre posait soixante-huit questions, la plupart complexes et demandant des solutions de principes et d'application. Pour y répondre, il fallait une étude générale d'ensemble, sur une matière à laquelle les législations précédentes n'avaient touché que par parties et successivement, dans quatre grandes lois principales, en 1831 et 1837, sur l'organisation et l'administration

---

(1) L'importance de ces routes était déjà reconnue par l'administration de la province de Bresse avant 1789, et la loi de 1836 sur les chemins vicinaux a reproduit la plupart des dispositions de nos anciens règlements.

municipales ; en 1833 et 1838, sur l'organisation
et les attributions des conseils généraux et d'arrondissement, lois importantes, dont chacune avait occupé
le législateur pendant plusieurs mois.

Pour suffire à une œuvre aussi lourde, qu'il faut
relire aujourd'hui pour en apprécier le mérite, il avait
quelques jours, ou plutôt quelques heures seulement,
en dehors des délibérations. Ce laps de temps si court
suffit pourtant à cet esprit ouvert et sûr, affermi par
une éducation politique, qui n'avait perdu aucun
enseignement des affaires ou des événements. Dans un
rapport dont la sobriété substantielle n'omettait rien,
et en se plaçant au point de vue des nécessités du moment, il justifia ces nécessités mêmes, sous l'empire
du suffrage universel ; quand, par la loi du pays,
chaque citoyen concourt à la politique générale, au
gouvernement de l'Etat, les garanties qui survivent
doivent être plus fermement maintenues par la sévé-
rité en matière d'indignité, d'incapacité, de conditions
de domicile, de sectionnement électoral possible dans
toutes les communes, et obligé dans celles qui dépas-
sent 2,500 âmes, ou dans celles où une section possède privativement, par l'exigence du cinquième
au moins des voix des électeurs inscrits pour valider
une élection, et éviter ainsi les surprises d'une infime
minorité.

Les mêmes considérations le déterminaient dans le
mode de nomination des maires. La commune tient

de la famille par ses intérêts particuliers et se lie à l'État par les intérêts généraux. Elle se rattache à l'État par le maire, représentant de l'autorité générale, et qui doit être nommé par elle afin que la majorité nationale qui fait la loi soit sûre d'être obéie. Mais il doit être choisi dans le conseil, et le concours des plus imposés au vote des impôts extraordinaires est une garantie donnée à la propriété, plus nécessaire encore, sous l'empire du suffrage universel, que sous une législation restrictive dont la propriété est la base. La distinction qui en refuserait le bénéfice aux grandes villes serait un danger pour ces siéges du prolétariat, aux passions imprudentes et aveugles.

La constitution de 1848 voulait substituer les Conseils cantonaux aux Conseils d'arrondissement, renouveler ainsi l'essai malhabile et malheureux, déjà fait sous la constitution de 1795. Après avoir indiqué les dangers de cette institution, qui absorbait et dépouillait la commune, le rapport arrivait aux Conseils généraux.

Le département substitué à la province par la révolution de 1789 était, à son origine, une circonscription arbitraire, et qui ne trouvait sa raison d'être que dans la volonté de briser l'unité provinciale. Unité réelle et puissante, qui avait ses racines dans le passé, les habitudes, le langage, les coutumes des populations auxquelles elle était chère. Mais avec le temps et par la force des choses, le département, ayant sa vie, son mouvement, ses intérêts, est arrivé aussi à une entité distincte, moins grande sans doute, moins logique que celle de la province, mais dans laquelle, du moins, la représentation des intérêts était alors sérieusement garantie. Les Conseils généraux avaient grandi. Dans ce second degré de la représentation nationale, les hommes les plus éminents aimaient à prendre place, et, dans ses délibérations, par suite de ses attributions ou de son droit d'émettre des vœux, la plupart des questions importantes étaient préparées, discutées avec plus de calme, et souvent avec autant de lumières que dans les Chambres mêmes.

Le rapporteur au Conseil général de l'Ain proposait d'agrandir encore l'importance et les pouvoirs de ces conseils : il demandait pour eux deux sessions de droit chaque année et le pouvoir de se réunir spontanément dans un cas extrême.

On va voir avec quelle fermeté de langage et de vues il motivait cette double innovation. Il disait :

« Les institutions libres veulent des caractères virils « et des esprits expérimentés ; elles forment les uns « et les autres par les épreuves et les affaires.

« Puis le temps où nous vivons demande plus de « prévoyance. S'il arrivait encore une de ces grandes « perturbations qui surprennent les sociétés distraites « ou désarmées, soyons prêts à la commune défense, « et que nos institutions ne nous fassent plus défaut.

« En cas de force majeure, le préfet peut convo-
« quer le Conseil général, ce n'est pas encore assez.

« Il s'est rencontré, à toutes les hauteurs, des cœurs
« vulgaires, des esprits indécis, des caractères dou-
« teux. Que l'hésitation d'un homme ne puisse pas
« énerver l'institution. Si, à une heure suprême, les
« mandataires de la contrée ont seuls l'inspiration du
« salut, qu'il suffise de l'initiative de quelques-uns
« pour vous réunir légalement. »

Ces paroles étaient l'expression fidèle de sa pensée ;
le Conseil général les accueillait avec un vif assentiment, en donnant son approbation entière au rapport, dont il ordonnait l'impression et la distribution
dans le département ; lui surtout, bientôt, leur fut
fidèle. Le coup d'état du 2 décembre le trouva prêt
et dès longtemps fixé sur une situation prévue.

L'Assemblée nationale divisée, incertaine, était
suspendue, et ses membres mis dans l'impossibilité
de se réunir. Les Conseils généraux exprimaient fidè-
lement la pensée du pays. Leur composition avait été
plus libre que celle de l'Assemblée ; le choix de leurs
membres plus éclairé et plus sincère ; leur influence,
rapprochée des populations, avait grandi au milieu
même de notre instabilité politique ; on pouvait chercher là une garantie, un recours, dans l'incertitude
des événements.

M. de la Tournelle en apprit la nouvelle à Coligny,
et partit aussitôt pour Bourg. En disant adieu à sa

famille, il ajouta, le sourire sur les lèvres : « Peut-être
« serez-vous obligé de venir me voir. » — « J'irai, »
lui répondit une voix dont la fermeté égalait la
sienne.

Le 4 décembre 1851, il publiait la déclaration
suivante :

« Les membres des Conseils généraux ont des
« devoirs proportionnés à la confiance dont ils ont
« été honorés par l'élection populaire ; ils sont
« aujourd'hui, en dehors de la commune, les seuls
« élus dont le mandat reste intact. Il leur appartient
« certainement, il leur est commandé de s'entendre
« et d'aviser sur la conduite à tenir dans l'intérêt du
« pays. Ils ne peuvent pas se réunir en session offi-
« cielle sans être convoqués, ils ont toujours le droit
« de se rapprocher et de se concerter, comme des
« hommes libres que leur caractère signale et que la
« confiance publique oblige. » (Proposition semblable de M. de Tinguy, 1850, — la Tournelle,
avant, 1859.)

« C'était l'avis du Conseil général de l'Ain en
« 1849, lorsqu'il fut consulté sur la loi départemen-
« tale, que les Conseils généraux pussent se réunir
« spontanément dans un cas extrême.

« C'est pourquoi je fais appel à mes collègues, en
« priant tous ceux qui ne sont pas empêchés, de se
« rendre à Bourg le plus promptement possible. En
« prenant cette initiative, au premier moment, parce

« qu'il faut que quelqu'un la prenne et que le temps
« presse, je crois répondre au sentiment du grand
« nombre, comme au besoin d'une situation dans
« laquelle l'urgence est égale à la gravité, et je n'hé-
« site pas, parce que je suis assuré que je fais un acte
« de bon citoyen. »

Cet appel au Conseil général, fait aussi d'un autre
côté par le préfet du moment, amena au chef-lieu
une réunion qui, à peine formée, dut se dissoudre,
car les événements étaient menés rapidement à Paris ;
la question gouvernementale se trouvait résolue, on
allait inaugurer un régime nouveau. M. de la Tournelle ne s'était fait assurément aucune illusion à cet
égard, et n'avait aucun motif d'attachement à la
République, mais, mandataire de son pays, il voulait
que son pays seul pût disposer régulièrement de lui-
même, et, dans la limite de ce qui lui était possible,
il avait accompli son devoir.

En 1853, une session extraordinaire, convoquée
deux mois après la clôture de la session ordinaire,
appelait le Conseil général à délibérer sur le déplacement de l'hôtel de la Préfecture. L'administration et
le rapport, qui lui était favorable, soutenaient que la
préfecture ancienne ne suffisait plus aux exigences de
représentation et d'administration, et un projet de
réparation qui, au début, suivant la proposition du
préfet, demandait 25,000 francs seulement, s'était
élevé successivement, sous l'administration suivante,

à un projet de déplacement et de reconstruction entière, dont le chiffre total en définitive a dépassé
1,500,000 francs. Les raisons de repousser ce projet
étaient nombreuses et graves. La préfecture ancienne
était au centre de la ville, dans une position qui avait
précisément déterminé à en faire autrefois l'hôtel de
la province. Elle avait reçu le chef du premier Empire,
et sous la Restauration le comte d'Artois et le duc
d'Angoulême. C'était assez sans doute pour montrer
qu'au moyen d'une dépense de 250,000 francs, offerte
pour la réparer et renouveler le mobilier, elle pouvait
suffire à toutes les exigences de la représentation
officielle. Quant à celles de l'administration, des
administrateurs dont le pays gardera le souvenir,
MM. du Martroy, Rogniat père et Jayr, n'avaient
jamais songé à se plaindre de l'insuffisance de leurs
bureaux. M. de la Tournelle soutint, avec sa parfaite
mesure, cette discussion qu'on s'efforçait de passion-
ner et de transformer en discussion politique. Il fit
voir tout ce que ce projet présentait, à la fois, d'insuffisance dans les prévisions et cependant d'inopportunité et d'exagération dans la dépense. Montrant
que le chiffre de 700,000 francs, demandé alors,
dépasserait un million de francs, — l'événement l'a
prouvé,—montrant l'inopportunité dans l'état de souf-
france des populations et des grandes entreprises des
rues nouvelles à Lyon, de chemins de fer et de grands
édifices dans le département, augmentant de près

d'un cinquième tous les prix de construction, montrant l'exagération d'une dépense qui allait donner à Bourg une préfecture de grande ville, et imposer . ainsi dans l'avenir aux préfets une représentation onéreuse, et aux populations des exemples de luxe funestes dans l'état actuel des fortunes, que la loi civile amoindrit à chaque génération. Quelques votes seulement se joignirent au sien, mais le temps est venu justifier la sagesse de sa résistance, ceux mêmes de ses adversaires que la réflexion pouvait ramener, la reconnaissent aujourd'hui, et M. Fould, ministre actuel des finances, dans le rapport qui a motivé sa rentrée au ministère, condamne sans hésiter cet entraînement des départements et des villes, lancés alors dans des dépenses trop considérables et trop précipitées.

Cette opposition au déplacement de la préfecture n'avait d'autres motifs que les intérêts du département. Une fois ce projet réalisé, M. de la Tournelle en donna la preuve, en proposant lui-même, en 1856, au Conseil général, de voter les quelques mille francs nécessaires pour la création d'un jardin en rapport avec la grandeur de la préfecture nouvelle.

C'est cette entente si nette et si impartiale des intérêts généraux du pays, qui lui méritait et lui conservait la confiance de tous, quand cessaient ses fonctions de magistrat, son influence de député. Les dissentiments politiques ne lui auraient pas conservé le mandat législatif après 1848, mais toutes les nuances d'opinion s'unissaient dans le sentiment qu'on ne pouvait confier à un meilleur esprit ces intérêts locaux qui gagnent tant, en bonnes solutions, à être remis aux mains des hommes exercés aux grandes affaires.

La Bruyère a dit : « Il faut en France beaucoup « de fermeté et une grande étendue d'esprit pour se « passer des emplois; personne presque n'a assez de « mérite pour jouer ce rôle avec dignité, ni assez « de fonds pour remplir le vuide du temps, sans ce « que le vulgaire appelle des affaires. » Rendu à la vie privée, M. de la Tournelle se plaça, tout naturellement, dans ces très-rares exceptions qu'indique le moraliste. Les préoccupations de la vie publique lui avaient fait négliger jusque-là le soin de ses intérêts privés. Retiré dans son habitation de Coligny, qu'il voulait embellir, il s'occupa activement de ses propriétés, les compléta par des acquisitions faites avec intelligence, et prit, ou plutôt chercha à son tour ce goût de l'agriculture qui semble donner le repos et l'oubli des discordes civiles. Etranger à la science agronomique, il n'eut pas du moins la prétention de la répandre, et se borna seulement à des essais dont il voulut se rendre exactement compte.

Le drainage arrivait d'Angleterre, vanté par la presse avec l'exagération qu'elle apporte à louer ce qu'elle croit nouveau, et qui prépare si souvent des

déceptions cruelles. M. de la Tournelle fit à la Ver-
gonnière l'application de cette opération agricole,
qui, en dégageant les eaux souterraines retenues par
les argiles du sous-sol, procure l'aération du sol, élève
la température intérieure, facilitant ainsi sa fermen-
tation et sa fertilité. Dans ces essais il put reconnaî-
tre que le drainage enlève souvent au sol toute son
humidité, dont une partie est cependant nécessaire et
doit alors lui être rendue, par les irrigations fécon-
dantes à la surface. Ses travaux lui firent aussi décou-
vrir, dans cette propriété, des tuyaux anciens,
attestant un drainage antérieur, fait avec un soin
remarquable et montrant ainsi que ce mode d'assai-
nissement du sol n'était pas inconnu de nos pères.
On sut bientôt que cette propriété, qu'il avait récem-
ment acquise, appartenait avant la Révolution au
collége de Bourg; administré par les ecclésiastiques
qui tenaient cet établissement, intéressés ainsi à
son amélioration, leur gestion fut intelligente, et le
professeur de physique avait dirigé lui-même cette
opération, à laquelle le nom moderne de drainage
manquait seul. Nouvel exemple à ajouter à l'histoire
des découvertes du passé attribuées au présent.

Au milieu des occupations de sa retraite, il devint
possible et il fut offert à M. de la Tournelle de repren-
dre dans la magistrature une position au moins égale
à celle qu'il avait résignée en 1848. Il fut touché et
reconnaissant du souvenir d'un garde des sceaux qui

honorait ainsi ses services, mais il déclina sans hésiter cette dignité, qui aurait couronné sa carrière, ne voulant pas rentrer dans le monde judiciaire sous un régime nouveau.

Séparée ainsi des fonctions publiques, sa pensée, loin d'être indifférente aux grands intérêts de son pays, s'en préoccupait sans cesse. Dans sa passion pour la France, il suivait d'un regard attentif les événements et le mouvement des idées, envisageant avec inquiétude l'avenir, les éléments de dissolution d'une société si souvent ébranlée, les forces destructives de la Révolution, les points d'appui qu'elle trouve dans l'ignorance et l'incertitude des esprits, dépourvus de principes, séduits par l'exemple des succès immérités, agités chaque jour par le spectacle de la destruction ou du changement, et trop souvent fermés aux saines clartés de la raison. Ses convictions, ses affections étaient fermement acquises à ces gouvernements pondérés dont un de nos hommes politiques les plus éminents précisait ainsi les conditions :

« Il ne suffit point à la société que le droit se ren-
« contre dans les citoyens, elle a besoin qu'il réside
« encore dans le gouvernement. C'est peu que cha-
« que homme possède ses libertés comme un droit
« légitime, si le pouvoir qui commande aux hommes
« n'exerce aussi un droit légitime à leurs yeux. Si
« au pouvoir seul appartient le droit, la société a
« disparu ; si le droit manque au pouvoir et ne se

« retrouve plus que dans les individus, la société est
« dissoute..... Que le droit et la légitimité soient
« donc partout, alors seulement la société est stable
« et le pouvoir régulier. »

Ces pouvoirs réguliers, ainsi limités, ont-ils toujours la force nécessaire pour défendre la société contre les partis violents ? C'est encore un problème. Mais c'en est un plus insoluble, assurément, que de prétendre gouverner avec les principes et les hommes des révolutions ; car les hommes qui préparent et accomplissent les révolutions ne les terminent jamais ; ils sont les auteurs involontaires d'une œuvre inconnue qui leur échappe. Les mains fatiguées et souillées à détruire ne peuvent rien édifier qui soit durable.

Dans cette vie que nous venons de montrer ainsi diversement et noblement remplie, à ces tristes préoccupations des dernières années allait se mêler une de ces douleurs qui brisent le cœur d'un père. Longtemps heureux, Adrien de la Tournelle avait vu tout lui réussir : l'éclat de sa carrière, le bonheur de sa vie privée. Dans sa famille, il avait gardé les habitudes et l'éducation de l'ancienne France, maintenant avec une fermeté vigilante cette autorité paternelle, type sacré de l'autorité légitime, sévère dans la forme, et au fond toute pleine de la plus profonde tendresse. L'éducation de ses enfants était le plus cher de ses succès; justement fier de ses fils, il voyait revivre dans sa fille une sœur qu'il avait perdue jeune encore, reflet adouci de son esprit et de son cœur, exemple rare du charme que peut avoir, même pour le monde, la grâce chrétienne. Il venait de trouver dans M. du Corail, de l'une des plus ancienne familles d'Auvergne, un gendre qu'il comptait avec affection au nombre de ses enfants, quand une maladie subite lui enleva en trois jours son plus jeune fils, Pierre de la Tournelle, enfant richement doué des dons les plus heureux. Ce coup imprévu fut mortel pour lui; sa santé déjà ébranlée déclina rapidement; le mal ne put être conjuré ni par le dévouement de l'affection conjugale la plus ferme et la plus vive, ni par les vœux d'une famille et d'une contrée entières. Il mourut dans son habitation de Coligny, le 22 août 1860, âgé de cinquante-sept ans.

Ses derniers moments furent adoucis par les espérances que donne une foi sincère, et tout ce que la piété de la famille a de plus élevé et de plus touchant.

Sa mort fut parmi nous un deuil public, et, deux ans après, les parents, les amis, le pays, qui s'étaient pressés à ses obsèques, déposaient près de lui les restes de son fils aîné, Ernest de la Tournelle, âgé de vingt-cinq ans, belle âme, jeune et pure, enlevée dans sa fleur à la tendresse de sa mère, à l'affection des siens, aux espérances de l'avenir.

Un seul fils lui survit et sera digne de lui.

L'opinion publique a parfois ses jours de discernement et de justice. Elle fut dignement exprimée sur lui dans notre pays, elle rappela « tout « ce que contenait de bienveillance, de justice et « d'élévation cette haute et patriotique intelligence, « si dévouée à tous les grands intérêts de la France, « si affectionnée aux institutions sagement libérales, « si désireuse des améliorations du présent, si préoc- « cupée du soin de préparer l'avenir. »

Des sympathies vives, des affections sincères avaient entouré justement sa vie, attirées à lui par ses qualités brillantes, la distinction et la grâce de ses rapports. Il les méritait, car l'amitié était chez lui, comme tous les sentiments de son cœur, un sentiment délicat mais vaillant et vrai, qui ne connaissait ni les doutes ni les défaillances des amitiés vulgaires. Il avait ainsi ramené à lui bien des esprits prévenus et même des adversaires. La fortune et le succès lui avaient rendu sans doute cette tâche facile, mais le succès l'avait aidé surtout, parce qu'il l'avait calmé et grandi. C'est là le signe certain des hommes supérieurs, les hommes ordinaires s'enflent par le succès, et veulent remplir le monde de leur médiocrité ; les hommes supérieurs qui méritent le succès, sans chercher à l'épuiser, y gagnent au contraire l'habitude des égards pour tous, la mesure et la simplicité qui le font accepter (1).

(1) Une volonté que nous devons respecter nous interdit de rappeler ici la bienfaisance traditionnelle de sa famille, les fondations charitables

Adrien de la Tournelle laisse un souvenir qui ne trouvera jamais indifférents ceux qui l'ont connu et surtout ceux qui l'ont aimé, et l'exemple, chaque jour plus rare, d'un caractère élevé et d'une vie dignement et utilement dévouée aux intérêts véritables de son pays.

de sa mère, née Flandre d'Epinay. Nous cédons a regret, car c'est toujours un bon exemple que celui que donnent ensemble la modestie des habitudes et le noble usage de la fortune.